Azul por Natureza

Sandra Lopes

Ilustrações Aline Abreu

EDITORA
NOVA
FRONTEIRA

CIP-Brasil. Catalogação na Fonte
Sindicato Nacional dos Editores de Livros, RJ

L855a

Lopes, Sandra, 1952-
Azul por Natureza
/ Sandra lopes; ilustrações Aline Abreu. - Rio de Janeiro : Nova Fronteira, 2011
20 p. : il. ; 28 cm.

ISBN 978-85-209-3228-5

1. Poesia infantojuvenil brasileira. 2. Literatura infantojuvenil. I. Abreu, Aline. II. Título

04-1322. CDD 028.5
CDU 087.5

Ilustrações e capa:
Aline Abreu

Arte-finalização:
Chris Lima / Evolutiva

Texto revisto pelo novo Acordo Ortográfico.

Rua Nova Jerusalém, 345 - Bonsucesso
Rio de Janeiro - RJ - CEP 21042-235
Tel.: (21) 3882-8200 - Fax: (21) 3882-8212

Este livro foi impresso em 2017 para a Nova Fronteira.
O papel do miolo é offset 120g/m² e o da capa é 250g/m².

AZUL POR NATUREZA 5
ÁGUA VIDA 6
SOL E CHUVA 7
A GARÇA 8
BORBOLETA AZUL 9
O RIO 10
A ÁRVORE 12
CHUVISCOS DE POESIA 13
A LUA 14
A PRAIA 15
MARGARIDA 16
O VENTO 17
A NOITE 18

Para Caroline e Renata, que se dedicam à saúde do mais importante habitante deste planeta.

Para Silvestre, jornalista, que através da palavra luta por uma convivência harmoniosa entre o homem e a natureza.

Para todos aqueles que ajudam a tornar nosso planeta mais humano e mais azul.

Azul por natureza

Será que o mico-leão-dourado
terá como destino
ficar num museu empalhado?

Será que as florestas de verde vestidas
vão ficar desbotadas, despidas?

Será que as aves que aqui gorjeiam
o contrabando vai levar
pra gorjear noutro lugar?

Será que você vai deixar
o planeta azul
cor de chumbo ficar?

Da rainha natureza precisamos cuidar.
Os seus reinos devemos preservar.
Se não, onde vamos morar?

Para que este planeta,
azul por natureza,
azul possa continuar...

Depende de mim, de você,
do tal homem que se diz inteligente!
Depende da gente. Naturalmente!

Água Vida

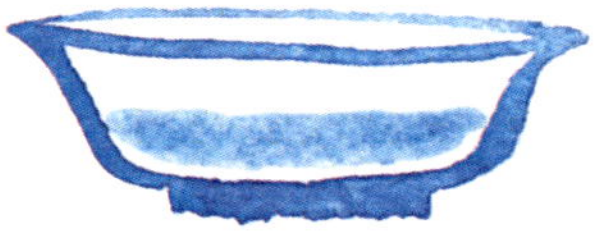

À plantação, à refeição,
aos animais, às aves, ao homem.
Ela serve, serve, serve.
Água vida.
O homem usa, abusa, suja, suga.
Ela míngua.
Água morta.
Tudo seca, seca, seca.
O homem, mãos em concha,
é só sede, sede, sede.

Sol e Chuva

Chuva vem, sol vai.
Chuva vai, sol vem.
Quando um chega, o outro sai
Quando um vem, o outro vai.
Será que trocaram de mal?

Resolveu a natureza com a briga acabar:
Chamou o sol.
Chamou a chuva.
Trancou os dois num canto do céu.
Jogou a chave pro beleléu.

Logo um arco apareceu
Pintando de sete cores o céu.
Parecia um pedaço de anel.

São as alianças! Apontavam as crianças.
Um coro de anjos cantava.
Amém! Trocaram de bem!

Ao longe, uma cantoria se repetia:
Sol e chuva, casamento de viúva.
Chuva e sol, casamento de espanhol.

A Garça

Com pose de bailarina
a garça se equilibra
sobre suas pernas finas.

Imóvel, parada,
sua refeição aguarda.
O menino olha, olha, cisma:
É de verdade ou de mentira?

A garça lhe responde.
Arregaça suas asas.
Voa pro lado de lá da lagoa.
Com uma pausa, pousa.
Estática. Mais uma vez engana.
Será de porcelana?

A garça, com graça, enfeita a paisagem.
Venha, aproveite. É de graça!

Borboleta Azul

Na tela uma flor incolor
descansa num vaso colorido
esperando seu pintor.
Borboleta azul
pela janela entra.
Inventa.
Faz arte.
Do vaso rouba
uma por uma
todas as cores.
Lambuza a flor. Abusa.
Risca, rabisca, se arrisca.

Exausta, se rende.
A uma pétala se prende.
Dando vida à tela,
luz azul à aquarela.

O Rio

Corre, corre sem parar.
Só pensa em trabalhar, trabalhar.
Do bicho, do homem
mata a sede, mata a fome.
Carrega peixe, gente acima, barco abaixo
Lava roupa, toda louça.
No seu leito a criança se banha, se esparrama

Chega o progresso.
A cidade cresce.
Do rio se esquece.

Da fábrica escorre o veneno
que, gole a gole,
o rio engole.
Da cidade vem o lixo
que, de bocado em bocado,
engole calado.

O rio adoece. Padece.
Chuva forte o fortalece.

Do seu leito se levanta
vomitando todo o lixo
que lhe entala a garganta.

Enquanto a cidade se espanta,
o rio, com raiva, avança.

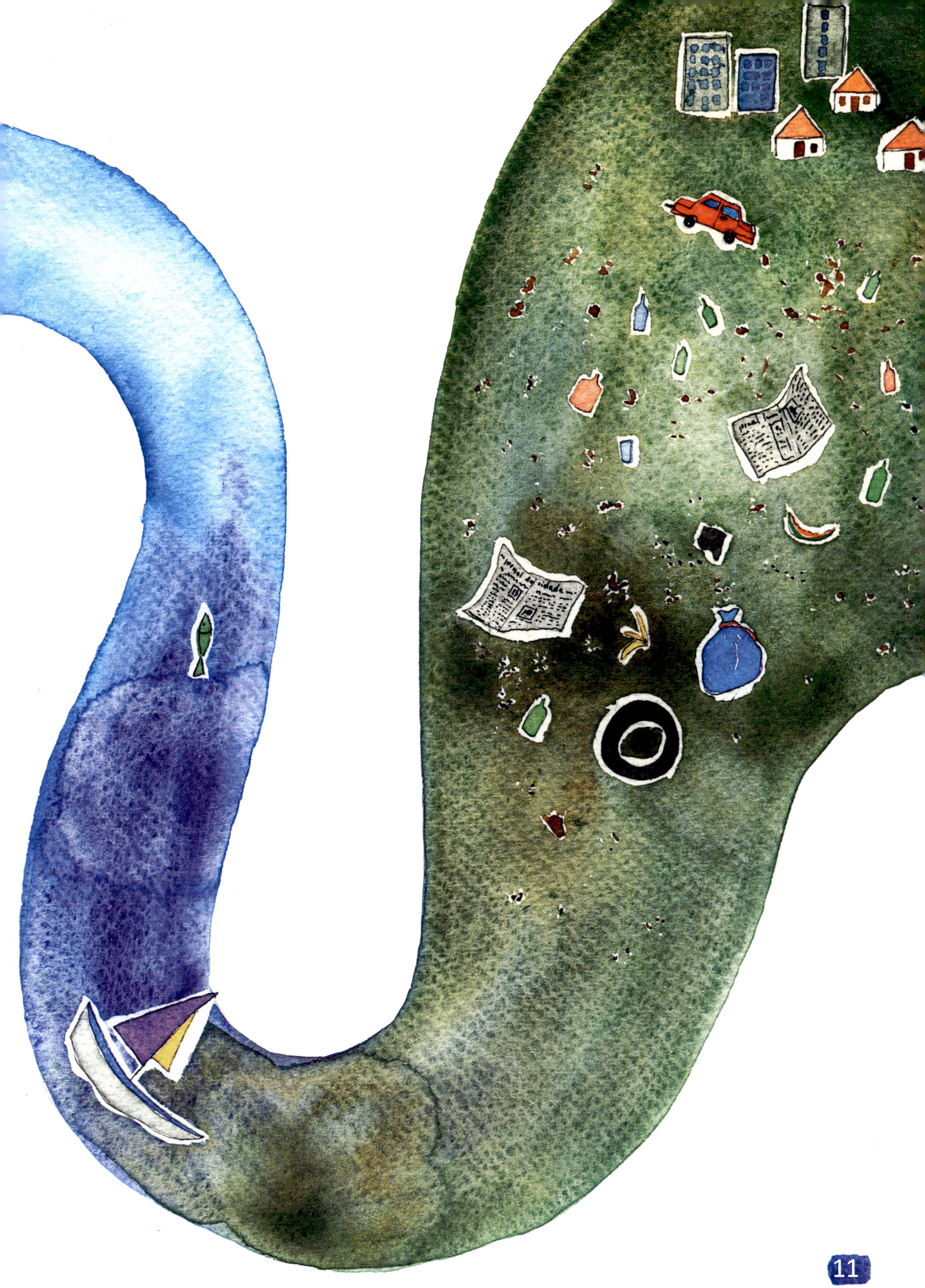
Jornal da cidade

A Árvore

Nos seus galhos o menino vem brincar.
Sua molecagem pendurar.
Pega fruta daqui,
cospe caroço dali.
De mordida em mordida vai subindo...
Num instante é gigante,
o céu alcança.
De repente dá um grito de Tarzan,
no cipó balança.
Logo, logo vira macaco,
pula de galho em galho
Igual passarinho, faz ninho.

Até quando menino?
Até quando crescer
e da árvore se esquecer.

Chuviscos de Poesia

Vem chuvisco, vem chuviscar
meu guarda-chuva florido regar.
Um pingo pra margarida,
um pingo pro jasmim
vai molhando o jardim
que levo bem em cima de mim.

Os pingos, pela calçada quente
vão sumindo...
Onde será que estão indo?
Foram correndo nos is pingar
antes desta poesia acabar.

A Lua

Não passa de uma adolescente.
Rapidamente cresce.
De emoções e sonhos fica cheia.
À primeira desilusão vai minguando...

Some. Na barra da saia
da mãe Terra se esconde.

Logo reaparece.
Do jeito que o poeta a sente:
Adolescente, eternamente lualescente.

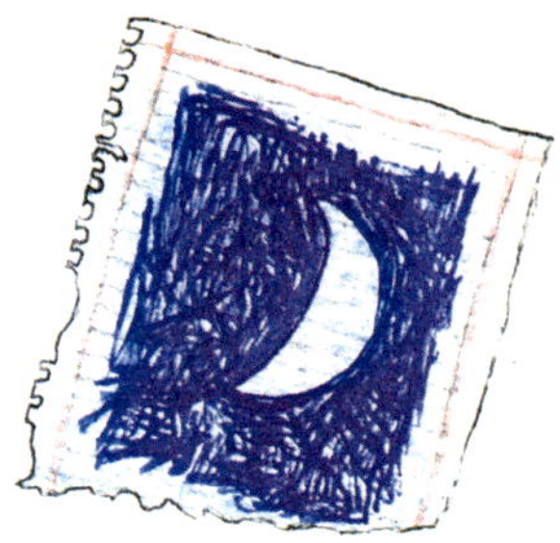

A Praia

Um tapete de areia
a praia estende todos os dias
para receber suas visitas.

Em troca, recebe muitos presentes
deixados sobre a areia macia.

Das mãos das crianças,
castelos, flores, bonecos, bolos.

Das mãos dos namorados
corações, nomes entrelaçados.

De uma menina,
uma amarelinha.
De um bebê, pequenas pegadas
que lhe fazem cosquinhas.

Do mar, conchas coloridas
pra fazer um colar.

A onda tudo vendo
vem se aproximando devagar.
Louca de inveja, os presentes vem roubar.

Sobre a areia indefesa se joga,
e os carrega pro mar.

Sobre a pedra,
a sereia vê a praia
em prantos se desmanchar.

Margarida

Bem me quer
Mal me quer
Caem uma, duas, três.
Bem me quer
Mal me quer
Caem quatro, cinco, seis.
As pétalas vão caindo,
uma de cada vez.

A margarida choraminga:
Será que ninguém bem me quer?
Será que ninguém me quer bem?

O Vento

Vento moleque, aonde vai, aonde vai?
Puxar a trança da menina.
Levar a peruca do vovô.
Deitar e rolar na areia.
Na bola dar uma rasteira.

Vento dançarino, aonde vai, aonde vai?
Deslizar o barco à vela.
A pipa rodopiar.
Ondular a bandeira.
O moinho girar.

Vento pintor, aonde vai, aonde vai?
Sacudir as árvores.
Suas folhas derrubar.
De amarelo e laranja,
a calçada pincelar.

Vento fantasma, aonde vai, aonde vai?
Uivar pelas frestas.
Abrir a janela.
Balançar a cortina.
Assombrar a menina.

Vento só, aonde vai, tão só, tão só?
Bater de porta em porta
o mundo revirar
à procura de alguém
que queira me acompanhar.
Você quer ser o meu par?

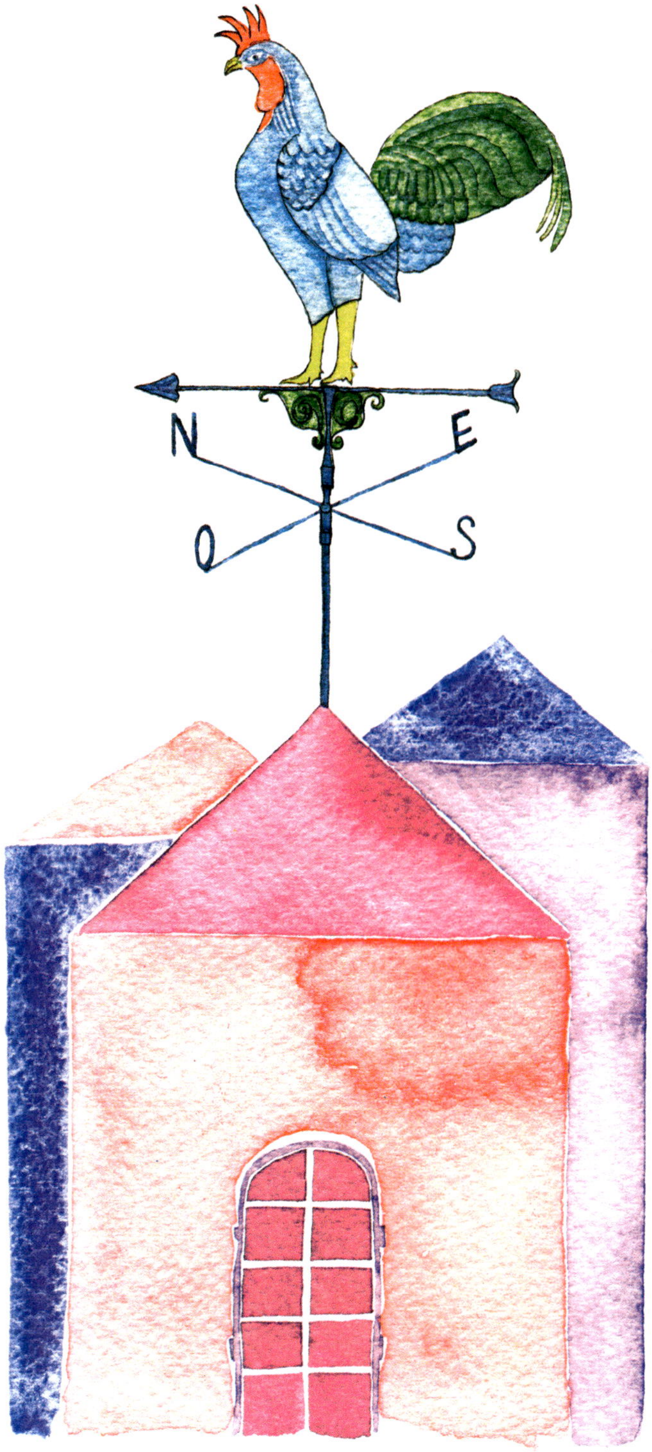

A Noite

Senhora misteriosa.
Chega silenciosa.
Trazendo fantasmas, me arrepia.
Trazendo fantasias, me fascina.
Com ela passeio pela Via Láctea.
Ela desfila!
Usa um vestido negro
com uma longa cauda que arrasta,
levantando a poeira dos astros,
cegando os olhos do dia.

Ela vem espetando estrelas,
formando um lindo painel!
Me mostrando formas e bichos no céu.

Distraída, não repara nos olhos do dia,
que piscando, piscando, vão se abrindo,
enchendo de luz, seu vestido despindo.

Quase nua, da lua pega um raio,
nele se enrola.
Mas antes que vá embora,
deixe que eu lhe diga:
Boa Noite senhora!

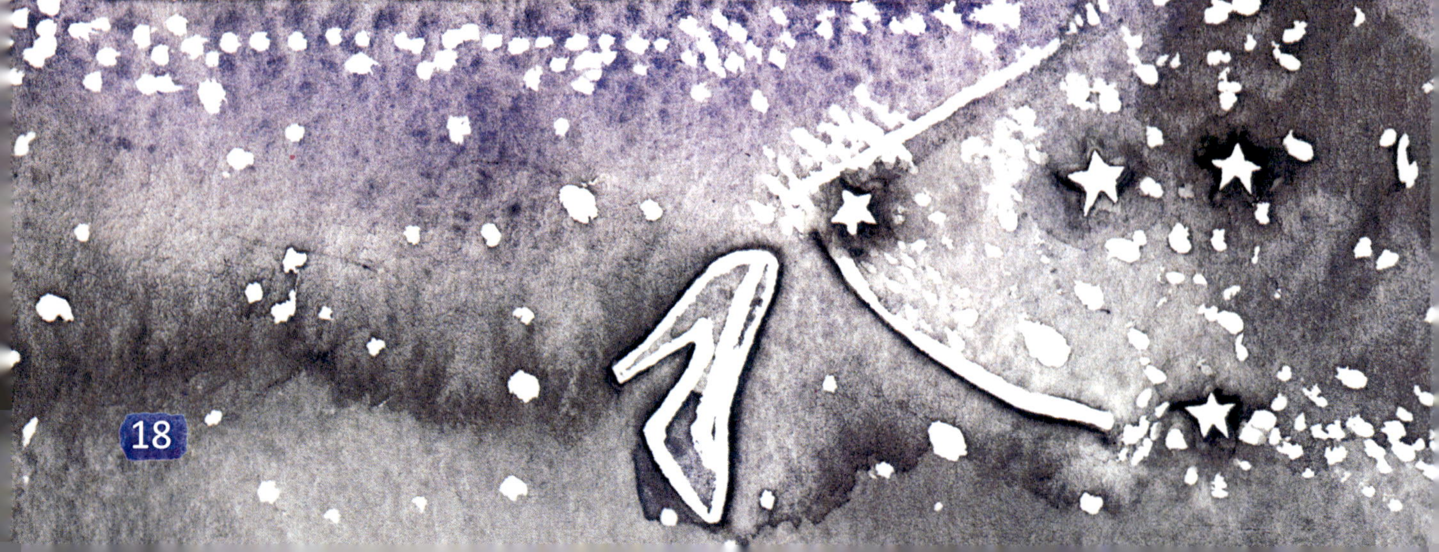

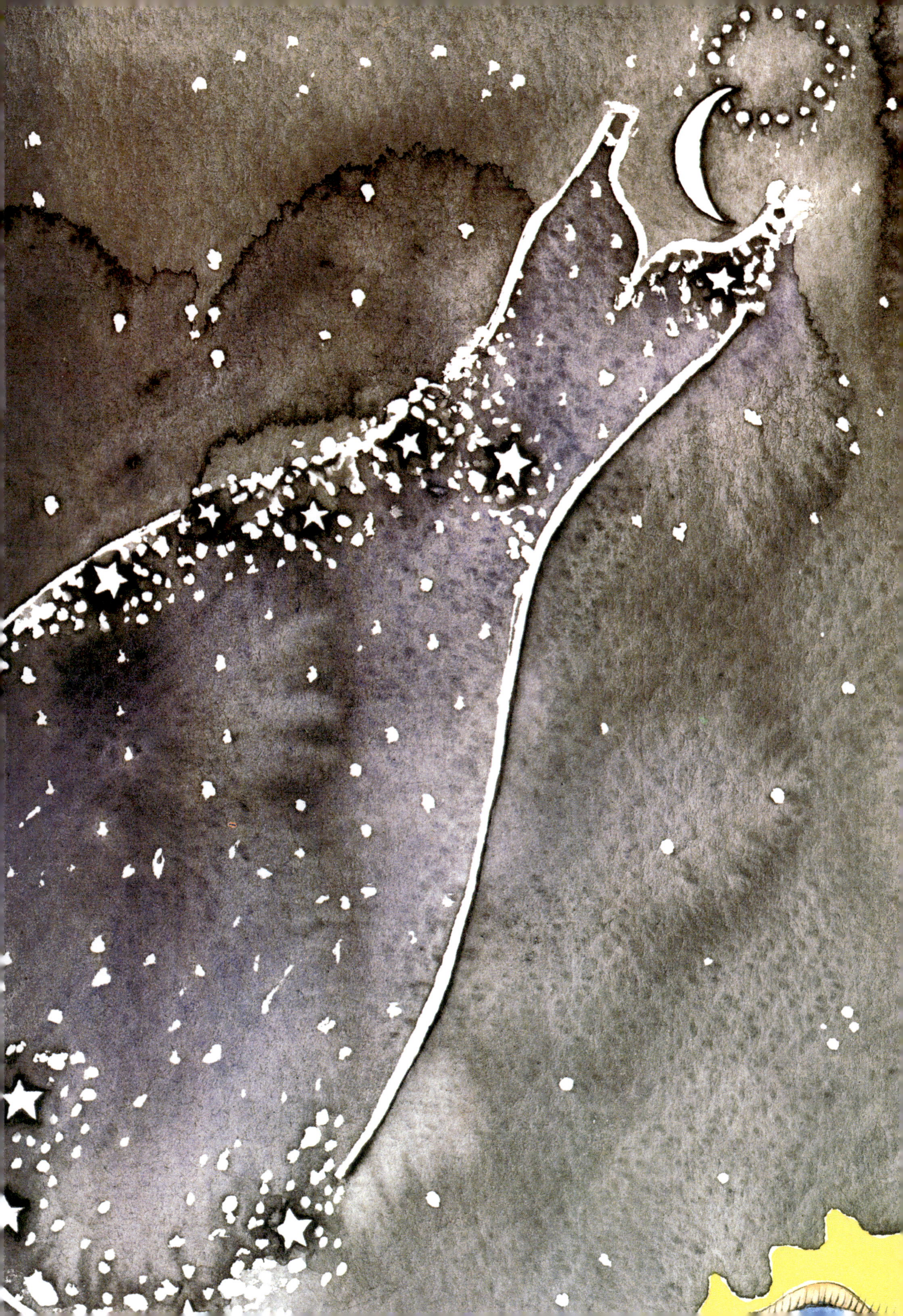

Sou professora de sala de leitura.
Entre livros e crianças é que passo
boa parte do meu tempo.
Gosto de caminhar no verde,
nadar no azul e escrever
colorindo as palavras.
Gosto de viajar e, na maioria das
vezes, é através dos livros que a
viagem acontece.
E quanto a você, amigo leitor?
Espero que tenha feito uma bela
e azul viagem.
Até a próxima!

Sandra Lopes

Oi, eu sou a Aline.
Além de ilustrar
livros e fazer
pinturas bem
grandes,
gosto de tocar
meu violino.
Sempre gostei de
desenhar, desde
pequena, e ajudar
os escritores a
contar histórias é o
que eu mais
gosto de fazer.